Cristianismo en Medio de una Sociedad Emocionalista

Domingo González Jr.

CRISTIANISMO EN MEDIO DE UNA SOCIEDAD EMOCIONALISTA

First edition. November 17, 2023.

Copyright © 2023 Domingo González Jr..

ISBN: 979-8223564133

Written by Domingo González Jr..

Also by Domingo González Jr.

Cristianismo en Medio De una Sociedad Emocionalista

Cristianismo en medio de una Sociedad Emocionalista.

Portada Diseñada a partir de imágenes generadas en: https://stablediffusionweb.com/ y editadas en: https://pinetools.com/ es

Domingo González Jr.

2023

DEDICATORIA

Amo la iglesia de Cristo y sufro al ver cómo es engañada y manipulada. Dedico este libro a cada hombre, mujer y niño que se considera hijo de Dios y que desea de verdad ser iglesia.

Este libro está dedicado a cada uno de ustedes, con todo el amor que puede salir de mí.

AGRADECIMIENTO

Agradezco a Dios por abrir mis ojos y hacerme ver todas las manipulaciones emocionales en la iglesia y por darme el temor suficiente para no formar parte de esta práctica.

La primera persona que me enseñó a detectar las manipulaciones emocionales en la iglesia fue mi madre, aunque ella también terminaría usando esas herramientas, pero sería un malagradecido si no le agradezco a ella por eso.

Agradezco a Dios por Juan Manuel Vaz, Paul Washer, Sugel Michelen y Miguel Núñez, pues sus posiciones bien centradas sobre este tema me fueron de mucha ayuda.

CONTENIDO

INTRODUCCIÓN

Lamentablemente, vivimos en una sociedad donde las emociones y los sentimientos rigen todos los ámbitos, incluso en el gobierno.

Tenemos personas que, sin importar su genética, sin importar que sus genes digan que son hombres, si "se sienten" mujeres hay que tratarlos como mujeres. Y si eso fuera todo, no hubiese problema, sino que también se promulgan leyes para defenderle sus derechos y para colmo, se promulgan leyes para obligar al resto a apoyar su percepción.

Vivimos en una sociedad donde no importa la verdad, sino cómo me hizo sentir la verdad que me dijeron.

Esta sociedad está llena de lo que llaman "la generación de cristal" por lo delicado que son las personas emocionalmente. Hoy día es casi imposible decir algo o dar una opinión sin que alguna persona se ofenda sin importar la delicadeza que procuremos para que no se ofenda esta "generación de cristal"

Cabe destacar que este nombre de "generación de cristal" no tiene que ver con edades, hay chicos de 15 años que pertenecen a esta generación como también los hay de 60 años.

Personas sin carácter formado, incapaz de aceptar una corrección o un consejo porque tildan al consejero o a quien los corrige de "maltratador" o "insensible" sin empatía.

Y aunque todo esto a la verdad es un problema grande, siempre ha habido personas que han sacado beneficio de estos ¿Cómo? Pues volviéndose expertos en manipular las emociones de la gente.

Y no crean, esto no es algo nuevo, una de las personas más malvadas que ha existido, Adolf Hitler, ya se aprovechaba de esto, logro convencer a toda una nación de que eran correctas sus atrocidades. Se dice que el secreto de sus grandes discursos era su capacidad emotiva.

Por cientos de años grandes tiranos han utilizado la manipulación emocional para hacer sentir a la gente lo que ellos quieran que sientan y aun para hacer pensar lo que ellos quieran que piensen.

No fuese un problema demasiado grande si esto se hubiese quedado hasta fuera de las puertas de la iglesia.

El gran problema de esto es que penetró las puertas de las iglesias y hoy día existen personas consideradas como "hombres de Dios" que los que son, es manipuladores de emociones. Juegan con las emociones de las personas hasta tal punto de hacerlos creer lo que ellos quieren que crean aun cuando la biblia diga todo lo contrario.

Esto debería hacer sonar las alarmas en Sión, pero Sion duerme, y mientras la iglesia dormía, el diablo sembró todo esto y el problema es que sigue durmiendo.

Después de escribir mi tercer libro, "Un Tipo de Gloria Diferente", me dije a mi mismo "Mi idea no es escribir mil libros, solo los que considero que pueden ser de mucha bendición para la iglesia y con esos tres está bien"

Pero entonces recordé algo que ocurrió en la iglesia de donde provengo, donde un joven músico recién llegado a la iglesia procedente de otra congregación, me dijo "Yo no necesito orar mucho para hacer llorar a la gente mientras dirijo las alabanzas, basta con decir las palabras correctas en el momento correcto" (Más de esta historia en mi libro "Esqueletos en el closet: Memorias de un Hijo de Pastor)

Bueno, a los pocos días este joven se vuelve miembro de la iglesia y lo ponen a dirigir las alabanzas un culto de domingo y vi como de verdad este muchacho hizo tal como me dijo, palabras correctas en el momento correcto y puso a toda la iglesia a llorar sin necesidad del Espíritu Santo ni nada. Y el colmo de los colmos es que aparte de mi (quizás porque ya él me lo había dicho) nadie lo notó, ni siquiera los pastores, más bien o más mal, fue todo lo contrario, comenzaron a alabar a ese muchacho por su Espiritualidad.

Recuerdo querer advertir a algún hermano y me tildaron de que le tenía envidia.

Al recordar todo eso, que pueden leer con más detalle en mi libro "Esqueletos en el Closet" me di cuenta que quizás, si debía escribir un libro más, porque la verdad no fue sola esa experiencia con gente manipuladora la que viví, sino que tengo tantas experiencias vividas directamente que creo que tengo autoridad suficiente para hablar de esto.

Espero que este libro pueda ser de bendición para usted y ruego a Dios que abra los ojos del entendimiento de cada uno para que puedan entender correctamente lo que quiero trasmitir en este libro porque cada extremo es malo y las emociones no son malas como veremos más adelante, pues Dios nos hizo con ellas, Jesús demostró tenerlas, pero hoy día es supernecesario el discernimiento. En estos tiempos tenemos a muchos pseudo adoradores que son tenidos como grandes adoradores y en realidad son grandes manipuladores de emociones, tenemos a muchos herejes con mega iglesias que solo son buenos oradores, como era Hitler.

He aquí mi ofrenda de panes sin levaduras para el pueblo de Dios para que sean abiertos los ojos de los ciegos y los oídos de los sordos.

CAPITULO 1
Conceptos Básicos.

No soy de los que les gusta dar muchas definiciones ni conceptos, pero es imposible comenzar un tema como este sin tener claros los conceptos básicos así que intentaré explicarlos de manera sencilla, fácil y directa.

Quiero que se entienda que no puedo ni quiero escribir de la manera tan técnica y profesional como escribe John MacArthur o como escribía R. C. Sproul o alguno de ellos, no me siento cómodo haciéndolo, ¡no me siento yo haciéndolo! He luchado tanto por mantenerme siendo dominguito y no voy a echar para atrás ahora por perder a algunos lectores.

Bueno, al grano.

Emociones

La emoción es la reacción inmediata de nuestro organismo ante un agente externo. Aparece instantáneamente frente al suceso y tienen poca duración.

Es muy importante tener las emociones bien definidas y valoradas de forma racional, ya que, sobre la base de ellas, nacen los sentimientos con respecto a los acontecimientos vividos.

Por ejemplo, si te acaban de dar la noticia de que quedaste en el puesto de trabajo que tanto ansiabas, la emoción inicial será de sorpresa, de shock. Si bien es algo que deseabas con todas tus fuerzas, no sabías si lo ibas a lograr.

Tu cerebro asimila esta sorpresa y, como es algo que has estado asociando durante tanto tiempo a algo positivo, se producen los sentimientos como la euforia, la alegría, el optimismo o la esperanza, entre otros.

¿Cuáles son los principales sentimientos del ser humano?

El amor

La tristeza

La euforia

La admiración

La envidia

La esperanza

El enojo

La impaciencia

La preocupación

La satisfacción

La gratitud

Sanarai.com

Inteligencia Emocional

Daniel Goleman, explica que la Inteligencia Emocional es el conjunto de habilidades que sirven para expresar y controlar los sentimientos de la manera más adecuada en el terreno personal y social.

Características básicas y propias de la persona emocionalmente inteligente:

Poseer suficiente grado de autoestima.

Ser personas positivas

Saber dar y recibir

Empatía (entender los sentimientos de los otros)

Reconocer los propios sentimientos

Ser capaz de expresar los sentimientos positivos como los negativos

Ser capaz también de controlar estos sentimientos

Motivación, ilusión, interés

Tener valores alternativos

Superación de las dificultades y de las frustraciones

Encontrar equilibrio entre exigencia y tolerancia.

https://www.psicoactiva.com/

¿Qué son los sentimientos?

Los sentimientos son un estado de ánimo que se produce en relación a inputs externos, considerados la expresión mental de la emoción. ¿De dónde vienen los sentimientos? Cuando la emoción se procesa en el cerebro y la persona es consciente de dicha emoción y del estado de ánimo que le produce, da lugar al sentimiento, por ello el origen de los sentimientos son las emociones definidas y valoradas racionalmente que determinarán nuestro estado de ánimo.

Sentimiento y emoción: diferencia

Aunque tanto las emociones como los sentimientos son fruto de un proceso irracional ante la forma subjetiva de percibir una situación determinada, las emociones mantienen un patrón básico y primitivo unidireccional, es decir, la emoción aparece inmediatamente y de forma espontánea tras la presentación del estímulo. En contra, en los sentimientos intervienen procesos reflexivos, sobre los cuales la persona toma consciencia de su estado de ánimo y de qué es aquello que está sintiendo, permitiéndole ser valorado. Una vez comprendida la diferencia entre las emociones y los sentimientos, vamos a centrarnos exclusivamente en los sentimientos.

Sentimientos: ejemplos

Veamos ahora algunos ejemplos de sentimientos muy frecuentes que pueden aparecer en nuestra vida cotidiana:

Recibimos un e-mail donde nuestro jefe nos comunica que el sábado debemos ir a trabajar.

En primer lugar, tal vez experimentemos una emoción de rabia, pero tras concienciarnos sobre lo que estamos sintiendo, pueden aparecer sentimientos de tristeza por no poder hacer lo que habías planeado con tu pareja o de enfado por tener que ir a trabajar un fin de semana.

Nos enteramos de que dos de nuestros amigos han sido invitados a una fiesta a la que no nos han invitado. En primer lugar, pueden aparecer respuestas emocionales de indignación, pero tras comprender la situación puede que aparezcan sentimientos de vulnerabilidad, donde nos sentimos inseguros y nos preguntamos por qué no hemos sido invitados.

Nos notifican que van a ascendernos en el trabajo. Por ejemplo, podría darse que nuestra emoción expresada no sea la que se espera, reaccionando con un tono más bien apático. Al procesar la noticia y comprender como nos sentimos, podemos ser conscientes del sentimiento que nos desprende, que puede ser un sentimiento de estrés y miedo, frente al reto que se nos plantea.

Marta Thomen Bastardas.
https://www.psicologia-online.com/
Emocionalista
Persona que prioriza las emociones por encima de la razón.

En resumen, una emoción es una reacción instantánea que dependiendo de la persona puede causar reacciones y puede producir un tipo de sentimiento determinado. Las emociones son inmediatas* los sentimientos son producidos por las emociones al ser procesadas.

Todos los conceptos que vimos en este primer capitulo serán necesarios para entender todo lo que veremos a continuación y serán básicos a la hora de analizar las características de una potencial victima de un manipulador o una manipuladora de emociones, pero vamos un paso a la vez.

CAPITULO 2

¿Son malas las Emociones?

En general, el término emociones malas no existe, pero todos podríamos estar de acuerdo, incluso sin indagar mucho, que la rabia, el odio, la envidia, entre otros, son emociones negativas, pero recordemos que nuestro enfoque es hacia el cristianismo, si llego a decir que las emociones no son malas, no me estaré refiriendo a las emociones negativas.

Recuerdo que hace muchos años, debido al tanto daño psicológico que había recibido, decidí ser una persona fría y no demostrar afectividad hacia nadie. Al cabo de un par de semanas me di cuenta de que era imposible. Nacimos con emociones, Dios nos creó con emociones, La biblia demuestra que Dios tiene emociones, se enojó varias veces con el pueblo de Israel y se alegró.

Jesús también manifestó emociones, en un momento se molestó tanto que cayó a correazos a los que hacían negocios en el templo (Lucas 19:45,46), en otro momento "se estremeció en espíritu y se conmovió" (Juan 11:33), se alegró (Lucas 10:21) cuando estaba por ser entregado se sintió muy triste (Mateo 26:38)

Aun el Espíritu Santo tiene emociones, dice la biblia que no debemos hacer entristecer al Espíritu Santo (Efesios 4:30)

Las emociones no son malas. Incluso en el medio que el Espíritu Santo usa para tratar con nosotros. Él nos redarguye en nuestros corazones, nos hace entristecer por nuestra maldad para que así nos arrepintamos y nos reconciliemos con Dios.

Hay corrientes cristianas que hacen ver como si las emociones fuesen malas, pero de ninguna manera es así. Hay iglesias donde no se puede aplaudir ni dar gloria a Dios, mucho menos levantar la voz para alabar a Dios porque lo consideran emocionalismo. ¡Para nada! Muchos consideran que nuestro manual de alabanza es el libro de los salmos y allí encontramos citas como las siguientes:

Salmos 33:3: Cantadle canción nueva: **hacedlo bien** tañendo con júbilo.

Salmos 32:11: Ustedes, pueblo de Dios, ¡alábenlo y hagan fiesta! Y ustedes, los de corazón sincero, ¡canten a Dios con alegría! TLA

Salmos 47:1: ¡Aplaudan felices, pueblos del mundo! ¡alaben a Dios con alegría! TLA

Salmos 63:5 ¡Con mis labios te alabaré y daré gritos de alegría! ¡Eso me dejará más satisfecho que la comida más deliciosa! TLA

Salmos 81.1: ¡Lancen gritos de alabanza para Dios! ¡Él es nuestra fortaleza! ¡Canten llenos de alegría al Dios de Israel!

Salmos 95:1: Cantemos a Dios con alegría ¡Vamos, cantemos con alegría! TLA

Salmos 100:1,2: Cantad alegres a Dios, habitantes de toda la tierra. Servid a Jehová con alegría; *Venid ante su presencia con regocijo*.

Salmos 107:22 ¡Démosle muestras de gratitud, y presentémosle ofrendas! ¡Anunciemos entre gritos de alegría las maravillas que ha hecho! TLA

Salmos 150:3-5: Alabadle a son de bocina; Alabadle con salterio y arpa. Alabadle con pandero y danza; Alabadle con cuerdas y flautas. alabadle con *címbalos resonantes*; *Alabadle con címbalos de júbilo.*

En cuanto a la alabanza en el cielo encontramos estos versos:

Isaías 6:1-3: Yo, Isaías, vi a Dios sentado en un trono muy alto, y el templo quedó cubierto bajo su capa. Esto me sucedió en el año en que murió el rey Ozías. Vi además a unos serafines que volaban por encima de Dios. Cada uno tenía seis alas: con dos alas volaban, con otras dos se cubrían la cara, y con las otras dos se cubrían de la cintura para abajo. *Con fuerte voz se decían el uno al otro*: «Santo, santo, santo es el Dios único de Israel, el Dios del universo; ¡toda la tierra está llena de su poder!»

Apocalipsis 19:1,5,6: 1 Después de esto **oí una gran voz** de gran multitud en el cielo, que decía: ¡Aleluya! Salvación y honra y gloria y poder son del Señor Dios nuestro; 5 Y salió del trono una voz que decía: Alabad a nuestro Dios todos sus siervos, y los que le teméis, así pequeños como grandes. Y oí como la voz de una gran multitud, *como el estruendo de muchas aguas, y como la voz de grandes truenos, que decía: ¡Aleluya*, porque el Señor nuestro Dios Todopoderoso reina!

¿Entonces Donde está el problema?

El problema está en el emocionalismo y en el primer capítulo acordamos que una persona Emocionalista prioriza las emociones por encima de la razón. La biblia nos manda a usar la razón al adorarle (Juan 4:24)

Si una persona grita amén sin entender o analizar o verificar si la que se está diciendo está correcto según la biblia, esa persona es Emocionalista.

Debemos entender que así sea Paul Washer que esté predicando, o MacArthur o el que consideremos como el más "mamarrúo" de los predicadores, toda enseñanza debe pasar por el filtro exhaustivo de las escrituras, es decir, todo en su correcto contexto. Así hacían nuestros hermanos de Berea y son alabados en las escrituras por eso (Hechos 17:11)

Quiero detenerme un momento en lo que dije del correcto contexto, pues en nuestros días está de moda tomar versos aislados para hacer que la biblia diga lo que nosotros queremos que diga. Me he dado cuenta que aun los pastores más heréticos dan versos bíblicos, pero cuando los estudias en su correcto contexto te das cuenta que jamás en la vida el pasaje dice lo que ellos nos quieren hacer que dice.

Pero hoy día los hermanos que hacen como los hermanos de Berea los ven como rebeldes.

Siempre recuerdo a mi madre cuando pienso en este tema. Mi papá era el pastor y obviamente su esposo y yo solía sentarme al lado de mi madre y mientras mi padre predicaba ella me hacía tener conmigo un diccionario bíblico y varias versiones de la biblia y mientras mi padre predicaba ella iba verificando cada verso que daba mi padre para ver si la enseñanza que estaba dando su esposo estaba de acuerdo a las escrituras.

Se pueden imaginar que varias veces mi padre se molestó, pero debemos entender la importancia de esto, pues quizás no lo entendamos, pero en una prédica puede estar en juego nuestra vida eterna.

Hay personas que si el pastor inyecta una suficiente carga emocional mientras predica se olvidan de la biblia y allí estaríamos incurriendo en uno de los errores más importante, el priorizar las emociones por encima de la razón.

Hay iglesias donde si gritas mientras predicas significa que tienes autoridad de Dios, significa que estás en el "espíritu" por lo tanto, sin verificar en las escrituras lo que estás diciendo, lo toman como verdad y gritan ¡Amén!

No es ser frio, no es ser apático, no es eliminar las emociones, es "No priorizar las emociones por encima de la palabra"

Una vez me pasó que estaba en una prédica y todo mundo gritaban ¡Amén! Pero había una parte que a mí no me cuadraba y fui, verifiqué y luego que verifiqué y me di cuenta que estaba correcto bíblicamente, entonces yo también grité AMÉN.

Recuerdo un hermano de una denominación especifica que vino a visitarnos y en el culto, no adoró, no oró, solo miraba hacia los lados analizando todo y al final me dejó con una hermana una lista con sugerencias de como debía dirigir el grupo. Yo me dije "¿Qué? ¡Si yo ni pensaba que era cristiano! No adoró, no oró porque él no era Emocionalista. Yo creo que no era Emocionalista ni tampoco cristiano. Amados hay que huirles a los dos extremos.

Uno de los grandes teólogos y hombre de Dios de la historia, reconocido además como uno de los generales de Dios, John Wesley dejó estas recomendaciones en cuanto a la alabanza en la cual se dará cuenta que no existe supresión de emociones. Me encanta como en el punto 3 pone el equilibrio para el punto 2, veamos:

Direcciones para el Canto Congregacional

Para que esta parte del culto sea más aceptable a Dios y de mayor provecho para ti y los demás, ten cuidado en observar las siguientes instrucciones:

1. Canten todos. Procura reunirte con la congregación tan frecuentemente como te sea posible. No permitas que un poco de debilidad o cansancio te lo impida. Si tal cosa es una cruz para ti, tómala, y descubrirás que es una bendición.

2. Canta fuertemente y con vigor. No cantes como si estuvieras medio muerto o medio dormido. Levanta tu voz con fuerza. No tengas más temor de oír tu voz, ni más vergüenza de ser oído ahora, que cuando cantabas los cantos de Satanás.

3. Canta con modestia. No grites, como si quisieras sobresalir o distinguirte del resto de la congregación, para que no destruyas la armonía. Procuren todos unir sus voces a las del resto de la congregación para producir un sonido claro y melodioso.

4. Canta a tiempo. Cualquiera que sea el tiempo en que se cante, procura guardarlo, no te adelantes ni te atrases; sigue a las voces que guían y ve con su tiempo tanto como te sea posible. No cantes muy despacio. El arrastrar el tiempo es cosa natural en los vagos y ya es tiempo de que esa costumbre desaparezca de entre nosotros y de que cantemos todos nuestros himnos tal y como los cantábamos al principio.

5. Sobre todo, canta espiritualmente. Piensa en Dios en cada palabra que cantes. Que tu intención sea complacerlo a él antes que a ti mismo o a cualquiera otra criatura. Para lograr esto, pon mucha atención en el sentido de lo que cantas y cuida de que tu corazón no se envuelva demasiado con la melodía, sino ofrécelo a Dios continuamente, para que tu canto sea tal que el Señor pueda aprobarlo aquí.

Creo que ya he dejado las cosas claras y no quiero redundar en lo mismo así que voy a terminar este capítulo con dos frases, una frase de Miguel Núñez y la otra de Donald Carson:

Debemos escapar de estos dos
extremos:

El de un cristianismo emocional carente de doctrina y el de una ortodoxia fría carente de emoción.

Donald Carson

CAPITULO 3
Una Sociedad Emocionalista.

En la historia de la humanidad nunca antes se había priorizado lo emocional como en la sociedad actual.

¡Sigue a tu corazón, deja fluir las emociones, no las retengas! ¡Siéntete libre!

Lo interesante de esto es que una parte es verdad, si tu retienes las emociones te vas a hacer un daño inmenso que hasta puede llevar no solo a enfermedades del alma sino a enfermedades físicas. Pero como siempre se dice "Tus derechos terminan donde comienzan los míos"

Esta libertad emocional ha hecho que la gente se sienta libre para ser déspota y sin ninguna clase de filtro, ha hecho de personas bombas de tiempo andantes que no saben controlar sus emociones y en un momento de tensión explotan sin importar las consecuencias.

Esta libertar a creado gente tan sensible a la cual se le ha denominado "generación de cristal" con la cual se debe ser muy delicados porque todo les ofende.

Hace unas semanas contaba en una de mis publicaciones de Facebook que yo trabajaba en un departamento de un instituto universitario donde tenía que tratar con prácticamente todos los alumnos de la institución, y en una oportunidad le dije a una alumna "Espera un momento MIJA" y al decirle esa palabra (MIJA) la muchacha comenzó a pelear conmigo porque la llamé "mija".

Después de un rato de la chica estar insultándome, le pregunté ¿Tu eres de esta región del país? Su respuesta fue "NO" luego le pregunté ¿Tu sabes lo que significa la palabra mija? Y me respondió "NO" entonces yo le dije ¿Y por qué te molestaste cuando te llamé así, si ni siquiera conoces que significa la palabra? En ese momento la chica cambió de actitud y se sonrió.

Señoras y señores, creo que no hay mejor ejemplo de la generación de cristal y de una sociedad Emocionalista que el que acabo de dar.

Una sociedad donde entender no importa, donde lo racional queda en segundo plano y solo importan las emociones.

Y es imposible que no hable de la comunidad Lgbtiq+ o la comunidad "Nos pasamos los libros de biología por donde no nos pega el sol" No es posible que si yo hoy digo que me siento como una chica exija que me traten como una chica, pero si mañana amanezco sintiendo como chico deben tratarme como chico y si lo hacen el lío que se forma es grande.

¿Y qué si yo hoy me siento como el hijo de Bill Gates? ¿Puedo pedirle al gobierno que le exija a Bill Gates que me dé mi parte de la herencia? Y no me digan que no es lo mismo, ¡es la misma lógica! Ahí si me dicen que debo acudir a la ciencia y por la prueba de ADN comprobar que de verdad soy hijo de mi papi Bill, pero un hombre con la barba del largo de la torre Eiffel y con dos cocos en medio de las piernas yo debo decirle "Juana" porque hoy él amaneció sintiéndose como mujer y allí sí que no importa lo que diga su ADN.

Y Dios libre no lo llame Juana porque yo soy un cristiano retrógrado intolerante. Y esa es otra de las cosas, piden tolerancia, pero vayan a una de sus marchas para que vean como ridiculizan a Jesucristo y juegan futbol con la biblia. Por cierto, los cristianos no les tememos rabia ni somos intolerantes con ellos, solo decimos lo que dice la biblia y la ciencia.

Algunas veces pienso, cuál conspiranoico, que todo esto ha sido bien planeado aun por los gobiernos y las instituciones, porque una sociedad Emocionalista también es una sociedad manipulable. Y si la iglesia se contamina de esa sociedad Emocionalista y se convierte en una iglesia Emocionalista entonces la iglesia también será una iglesia manipulable y de eso es que hablaremos los siguientes capítulos.

CAPITULO 4
Las Emociones y el Cristianismo.

Como ya hemos explicado anteriormente, las emociones y el cristianismo no están divorciados, tienen un matrimonio, pero con condiciones, condiciones innegociables.

Explicamos que en la biblia se muestra que Dios es un Dios con emociones y sentimientos, que manifiesta ira, amor, contentamiento, también vimos como Jesús y el Espíritu Santo también manifestaron y aún manifiestan emociones.

Vimos cómo en nuestro manual de alabanza, me refiero al libro de los salmos, se nos insta a alabar a Dios manifestando emociones, también leímos las recomendaciones que daba en cuanto a la alabanza uno de los grandes teólogos y reconocido como uno de los grandes hombres de Dios de la historia, este es John Wesley.

Dijimos además que el Espíritu Santo utiliza nuestras emociones para obrar en nosotros.

El Espíritu Santo opera en las emociones, las emociones mueven la voluntad, la voluntad se traduce en acción, la acción consiste en obediencia, cambio de vida: transformación duradera.

El líder del Gran avivamiento del Siglo XVIII en América del Norte, Jonathan Edwards, dice en su magistral libro Los Afectos Religiosos, que "La verdadera religión consiste principalmente de emociones santas." A estas emociones él les llama "las actuaciones enérgicas e intensas de la voluntad" y luego continúa diciendo:

"Cuando recibimos al Espíritu Santo, las Escrituras dicen que somos bautizados en "Espíritu Santo y fuego" (Mateo 3:11). Este "fuego" representa las emociones santas que el Espíritu produce en nosotros haciendo que nuestros corazones ardan dentro de nosotros (Lucas 24:32) ... Dios, quien nos creó, no solo nos ha dado emociones, sino que también ha hecho que sean muy directamente la causa de nuestras acciones. No tomamos decisiones ni actuamos a no ser que el amor, el odio, el deseo, la esperanza, el temor, o alguna otra emoción nos influencie. Esto es cierto tanto en los asuntos seculares como en los espirituales. Es la razón por la cual muchas personas escuchan que la palabra de Dios les habla de cosas de importancia

infinita—de Dios y de Cristo, el pecado y la salvación, el cielo y el infierno—sin que tenga efecto alguno sobre sus actitudes o su comportamiento. Sencillamente, lo que oyen no les afecta. No toca sus emociones. Atrevidamente afirmo que jamás verdad espiritual alguna cambió la conducta o la actitud de una

persona sin haber despertado sus emociones. Nunca un pecador deseó la salvación, ni un cristiano despertó de frialdad espiritual, sin que la verdad hubiera afectado su corazón. ¡Así de importantes son las emociones!... Comprobado queda, pues, que nuestras emociones son el eje de la religión auténtica. El amor no es tan solo una de las emociones, sino la mayor de ellas, y, por decirlo así, la fuente de las demás. Es del amor que surge el odio, odio por las cosas que son contrarias a aquello que amamos. De un amor vigoroso y afectuoso hacia Dios nacerán las otras emociones espirituales: odio por el pecado, temor de desagradar a Dios, gratitud a Dios por su bondad, gozo en Dios cuando experimentamos su presencia, tristeza al sentir su ausencia, esperanza de un futuro disfrute de Dios, y celo por la gloria de Dios. De la misma manera, amor por nuestro prójimo producirá en nosotros todo lo demás que debemos sentir hacia él." (Jonathan Edwards - Los Afectos Religiosos)

**Estos párrafos destacados en negrita y cursiva fueron tomados del libro "Avivamiento y Emociones" del sitio web Diarios de Avivamientos.

Podemos entender entonces que no existe antagoniza entre las emociones y el cristianismo.

El Problema con las emociones y el cristianismo

El problema de las emociones y el cristianismo comienza con un pueblo de Dios que su mayoría no tiene discernimiento espiritual y no pueden ver que alguien se retuerza un poco porque ya "tiene el espíritu".

Recuerdo estar recién llegado a esta ciudad y me invitaron a una campaña de nuestros hermanos pentecostales y subió mu muchacho a la tarima para dar unas palabras y torció un poco la cabeza y uno de los pastores comenzó a gritar "Ahí está, ahí está, ahí está Dios" Y yo me decía ¿Y si es un tic nervioso?

Yo sé que hoy día hay unas corrientes del cristianismo que no creen que un cristiano pueda endemoniarse, pero voy a contar una situación tal como ocurrió hace varios años en la iglesia que pastorea mi papá. Bueno, la iglesia queda en la planta baja de la casa donde viven mis padres, a veces a mi padre le toca atender algunos asuntos y no baja a tiempo al culto. En uno de esos días que no bajó temprano al culto, comenzó el culto y dado que mis padres creyeron en una iglesia pentecostal al comenzar a pastorear mantuvieron varias de las cosas de la iglesia pentecostal como "cantar coritos"

Comenzaron las alabanzas, empezó la directora de alabanza a cantar coritos y comenzó la gente a pasar al frente a "danzar" y a darle esos uhmmm "trances" donde se retuercen y esas cosas, y la que estaba dirigiendo la alabanza estaba feliz "porque el espíritu santo se estaba moviendo"

de repente escucho un movimiento en el pasillo central de la iglesia y es mi padre, con ropa casi de estar en casa y una cara de muy molesto, llega hasta el altar y le dice a todos los músicos y cantantes "Paren Todo" y comienza a reprender los demonios de las personas que se estaban retorciendo supuestamente porque el espíritu santo estaba en ellos. Lo curioso de ese suceso es que ¡nadie se dio cuenta!

Hace poco estuve oyendo detenidamente dos de los grupos de música cristiana que son tenidos como muy espirituales y ungidos por la mayoría en la actualidad y me di cuenta como envuelven a las personas en una carga de sonidos para hacer mover las emociones y la gente no lo nota. Recuerdo que di mi opinión en algunos grupos cristianos y casi que todo comienzan a gritar ¡Crucifíquenle! Obvio que con los predicadores pasa también, pero las estrategias son distintas, pero eso viene más adelante.

Quiero resumir este capitulo repitiendo que no, por supuesto que no, no existe divorcio entre el cristianismo y las emociones, no existe un divorcio entre Dios y las emociones. El problema son los extremos y un pueblo cristianos que una mayoría no sabe diferenciar entre lo espiritual y lo emocional. En nuestros días grupos de música cristiana que son grandes manipuladores de emociones son tenidos como superungidos y lo mismo pasa con los predicadores.

CAPITULO 5

Un Cristianismo Emocional.

Como expresé en el capítulo anterior, el cristianismo no está divorciado de las emociones, y el Espíritu Santo ni Jesús tampoco. Dios tiene emociones, nos hizo a nosotros con emociones, incluso el espíritu santo las usa para obrar en nosotros.

Pero, pero, pero lamentablemente, tenemos una iglesia que en su mayoría se ha vuelto emocionalista que como ya explicamos en el capítulo uno, en cuando se priorizan las emociones. Una iglesia que le encanta que le muevan las emociones. Y mientras haya demanda habrá oferta.

Una iglesia que en su mayoría le encanta tener un pastor que cuente, chistes, anécdotas, les haga reír. Una vez que comencé a ver una prédica, era la primera vez que iba a oír a ese pastor predicar y estaba muy expectante, y cuando ese pastor comenzó a hablar lo primero que dijo fue: "Como siempre voy a comenzar con un chiste" yo me dije "¿Quééééé?"

Y a veces parecen tan coherentes las razones que dan esos pastores para hacer eso. Un pastor decía que la gente pasaba toda la semana en estrés y situaciones fuertes para que lleguen a la iglesia y lo que escuchen sean palabras fuertes. La verdad eso parece tan coherente y lógico, pero la verdad es muy poco bíblico.

Yo por mucho tiempo tenia esa lucha en mi mente porque la verdad uno teniendo una semana horrible uno no va a querer una predica donde sientan que lo están cayendo a palo, luego de varios años haciéndome esa pregunta descubrí que la predicación verdadera necesita molestar a los que están cómodos y animar a los que están abatidos.

Tenemos una iglesia moderna cuya meta es emocional. Averiguan que le gusta a la gente y eso le dan. Y para ello no han tenido problemas en tomar estrategias del mundo, porque como oí a un coach cristiano decir "No podemos ser tan religiosos, son estrategias que el mundo tiene y funcionan, entonces ¿por qué no usarlas?"

Una iglesia que sabe que a la gente le gustan los puestos, entonces vemos iglesias con una estructura donde cualquiera puede ser anciano o pastor, tienen una estructura de promoción donde el llamamiento de Dios no importa, importa es llenar las necesidades emocionales de las personas para así tener ministerios grandes que al final es lo que importa.

Vemos una iglesia usando todo tipo de estrategias y aun manipulación psicológica para lograr sus objetivos. Tienen apariencia de espiritualidad, se disfrazan de ángeles de luz, pero todas las estrategias que usan son carnales.

Alguien me decía respecto a uno de los ministerios más heréticos de mi país: "Pero ellos tienen matutinos de oración todos los días" A veces es difícil entender que no todo el que ora, está bien con Dios. Un de las iglesias donde he visto que más se ora en todo mi país es la misma donde he visto más maldad e injusticias. Pueden leer mi libro "Esqueletos en el Closet: Memorias de un hijo de pastor" para más detalles.

Hoy los pastores no son predicadores, son Coach. No sé si lo saben, pero el coaching no pone a Cristo primero, pone al hombre, y sacaron un "Coaching Cristiano" donde esa realidad no cambia. La idea es hacernos sentir bien y cada domingo darnos una descarga emocional, donde salgamos Emocionalmente Satisfechos.

La iglesia adoptó estrategias psicológicas de este mundo y desde que entras en la mayoría de las iglesias tienes un ambiente que agrada a tu carne, oscuridad, para que los nuevos visitantes no se sientan intimidados al otros verle, juegos de luces estilo discoteca para que se sientan en un ambiente familiar, o sea, discoteca, luego tenemos unas personas con jeans, tenis y ropa no demasiado formal, una predica tipo coaching enfocada en el hombre donde no se habla de pecado ni de infierno ni de condenación ni nada de eso para no causar rechazo. Dijera el Pastor Juan Manuel Vaz "Una iglesia Restaurante"

Y el mensaje que estas iglesias les dirigen a las que aón no se modernizan es "Adáptate o desaparecerás" Por eso vemos hoy pastores que solían ser muy radicales con lo santo, ya comprándose sus tenis y sus jeans para predicar los domingos, comprando sus juegos de luces y colocando el altar con mesas y muebles como si fuera la sala de su casa y teniendo reuniones cool para los jóvenes.

Bienvenidos a la iglesia moderna, una iglesia emocionalista que toda estrategia del mundo y se adapta a él, una iglesia enfocada en el hombre y sus emociones.

¿Y el verso de que no debemos adaptarnos al mundo? Ese verso no importa, lo único que importa es llenar la iglesia y si hay que poner a las hermanitas en bikini para lograrlo, entonces se hará.

Lastimosamente, lo que expresé en el último párrafo no es un supuesto sino una verdad. Hace algunos años me invitaron a una actividad que tenia una iglesia para atraer jóvenes y la actividad era una piscinada, con las hermanitas en traje de baño.

Una iglesia emocionalista y sin discernimiento, que te dice que Dios está para hacerte rico y cumplir todos tus sueños, una iglesia que se basa en slogans chéveres, pero que no le hacen peso al infierno pues, de hecho, trabajan para el infierno, no son iglesias, son sinagogas de Satanás.

CAPITULO 6

Grandes Predicadores y Adoradores o Grandes Manipuladores de Emociones.

Los predicadores y cantantes cristianos actuales se han especializado en solo manipular emociones.

Veía un video de un pastor que se salió de ese mundo de manipulación y el decía: "Es bastante fácil, veía a una mujer sentada sola, pero un anillo de matrimonio y entonces decía "El señor me está revelando que hay una mujer aquí que su esposo es inconverso, o tienen tiempo que se aparto de los caminos de Dios, el Señor te dice que él ha recogido cada una de tus lágrimas y que ese esposo pronto regresará"

También decía que con los jóvenes era bastante fácil, solo miraba al que se veía más encendidito y le decía "El Señor te dice que nadie tome en poco tu juventud, que él te llevara a las naciones"

Solo basta observar y luego decir las palabras correctas con la suficiente carga emocional y la gente caía redondita.

Antes de seguir quiero mencionar algo, señores, señoras, entiéndase esto, aun en cualquier grupo de 30 o 50 personas, siempre habrá alguien que tiene problemas con sus padres o problemas con su pareja, problemas de dinero, problemas con su jefe. Si un "ministro" llega y dice "Dios me muestra que aquí hay una mujer de nombre María que tiene problemas con su esposo, Dios tiene esta palabra para ti..." Creo que cada 100 personas por lo menos 3 se llaman María, y como dije en todo grupo, siempre habrá alguien que tuvo o tiene problemas con sus padres o con su esposo o tiene problemas económicos. De verdad que a veces somos engañados por estúpidos.

Una persona que por años fue directora de alabanzas (@euthymialy) comentaba por tiktok que ella media su éxito según la respuesta emocional de las personas, dice que quizás había cultos donde ella desafinaba o se perdía en los acordes, pero si veía una respuesta emocional de las personas ella consideraba que había sido exitosa su dirección de las alabanzas, que su dirección había sido "ungida" pero si había reuniones donde no tenia una buena respuesta emocional de las personas, que se quedaban paradas sin levantar las manos, ella consideraba que había una opresión espiritual en el ambiente y que entonces con el tiempo fue aprendiendo qué acordes tocar, que palabras decir para lograr una respuesta emocional de las personas y que en ese entonces ella creía que eso era ser guiada por el espíritu, pero que hoy entiende que era manipulación emocional.

Yo tuve una experiencia muy directa también, referente a la alabanza, un joven musico y cantante recién llegado a la iglesia me dijo que él no necesitaba orar mucho para dirigir los cultos de alabanzas, que el secreto era decir las palabras correctas en el momento correcto y él podía poner a la gente a llorar en medio de la adoración.

Lo triste de este relato es que era cierto, a las pocas semanas lo pusieron a dirigir un culto de domingo y tuve doble sorpresa, la primera sorpresa fue que en verdad lo podía hacer, la segunda sorpresa fue que nadie lo notó.

Lo otro que ocurrió fue que quise advertir y al cabo de unos días toda la iglesia estaba diciendo que yo lo que le tenía era envidia porque tenía más unción que yo. Pueden leer la historia completa en mi libro Esqueletos en el Closet, aquí no quiero extenderme demasiado.

Volviendo a los pastores, evangelistas, profetas y demás, he visto tantas cosas que da dolor escribirlas. Pero en cuanto a los profetas y evangelistas es tan triste que hoy día a ellos les importa es el dinero. Hace unos años un evangelista llego a la ciudad y lo invitaban a una iglesia y decía que esa iglesia Dios la tenía como punta de lanza en la ciudad y así fue por todas las iglesias de la ciudad diciendo lo mismo para asegurarse buenas ofrendas.

Creo que una de las cosas que me dio más dolor fue con un pastor que un evangelista le profetizó que tendría una iglesia con 5 mil personas, cuando ese pastor nunca había pasado de 200 o 300 personas y ese pastor llegó hasta a prostituir el evangelio con tal de tener sus 5000 y sus 5000 nunca llegaron y actualmente ese pastor hasta se apartó de los caminos de Dios.

Son gente malvada que solo dicen lo que saben que la gente quiere oír, y saben que la gente les va a llenar los bolsillos de ofrendas si le dicen cosas bonitas.

Pero realmente no toda la gente es víctima, sabemos que Jesús dijo que falsos profetas engañarían a muchos (Mateo 24:11) pero también la biblia nos dice que habrá gente buscando maestros que le digan lo que quieren oír (2 Timoteo 4:3)

En mi vida en la iglesia he visto muchísimas formas de manipulación emocional de parte de pastores. Desde afirmación, pasando por la adulación, que por cierto es una de las mejores formas de manipulación, e intimidación, donde asustan a las personas con maldiciones. Conozco personas que han visto a pastores hacer cosas horrorosas y nunca han dicho nada, sino que siguen apoyando al pastor idolátricamente por todas las prédicas de intimidación que han oído, comenzando con la más sencilla y efectiva, o sea la de David y Saúl.

Si con la prédica de David y Saul no logran que la iglesia les permita hacer LO QUE SEA, además de obediencia ciega, allí si van con predicas un poco más fuertes donde les aclaran a las personas que no los quieren asustar ni que los están maldiciendo, que solo los quieren librar de un mal.

Recuerden, un manipulador, nunca va a decir "Hola buenos días, soy un pastor manipulador, mucho gusto" Alguien decía que la soberbia puede disfrazarse de muchas formas, aun de humildad.

La biblia dice que satanás se disfraza como ángel de luz, él no aparece y dice "holiiiiisss soy el diablo, tenme miedo" ¡¡¡Nooooo!!! Saben, las iglesias más heréticas que conozco en mi país son donde pareciera que amaran más a las personas. En esas iglesias he visto tratar a la gente con tanto amor que ni Dios les llega.

A veces se nos olvida que estas personas son expertas en el manipular, no dejan nada a la "suerte" sino que estudian cómo deben hablar, cómo deben caminar, como deben sonreír, como debe verse su cara, como pronunciar cada palabra, qué palabras decir y cuales no... ¡Son expertos! Viven perfeccionando su "Arte"

Saben exactamente las palabras que deben decir para ganarte, saben lo que le gusta a esta sociedad emocionalista y saben que el emocionalismo está dentro de la iglesia y saben que casi nadie tiene discernimiento y que si hacen las cosas bien van a tener un montón de idólatras que van a obedecer ciegamente lo que digan y los van a defender hasta la muerte así los vean hacer las cosas más viles y que no van a verificar nunca en la biblia a ver si algo que dice es correcto bíblicamente hablando. ¡Así de delicado es esto!

En cuanto a la alabanza creo que me quedo corto si digo que ES HORROROSO, un montón de showceros y manipuladores de emociones siendo reconocidos como adoradores ungidos. Te envuelven en sonido, mucho ruido, un poco de bla, bla, por aquí y por allá, te aprietan los botones emocionales que saben que te mueven y ya sales diciendo que son el grupo de música cristiana más ungido que ha existido.

Aparte de la música y los pastores, existe otra área donde he visto manipulación emocional horriblemente es en los grupos de evangelismos. Anteriormente, yo pertenecía a un ministerio cuyo enfoque es el evangelismo por sobre cualquier otra cosa y allí tenían a una persona que sobrepasaba a todos en cuanto a manipulación.

Primero, obras de teatro bien preparadas para mover las emociones, al terminar, pasaba él al frente, se colocaba una música bien preparada para continuar el trabajo de manipulación emocional que se había comenzado con las obras de teatro, él pedía que la gente cerrará sus ojos con la misma idea que lo hacen todos, es más fácil que la música haga su trabajo si tienen los ojos cerrados, luego procedía a cambiar su tono de voz y comenzaba con la frase "Si usted quiere llorar llore", luego de unos momentos decía "Yo se que usted quiere llorar" luego de repetir varias veces esas dos frases con intercalando algunas frases donde le hacía entender a las personas de por qué debían llorar, lograba su cometido y después era aún más fácil hacer que pasaran al frente "a recibir a Jesús" o que desde donde estaban repitieran "la oración de fe"

Otros, al momento de "hacer el llamado de arrepentimiento" solo decían la frase "¿Cuántos quieren ser bendecidos?" Les aseguro que no decían otra cosa, solo les hacían esa pregunta a las personas, y les decían "Si usted quiere ser bendecido levante la mano y repita esta oración"

No sé si deba explicar el porqué eso es una manipulación emocional, pero quizás haya alguien que no lo note. Si usted me pregunta a mi que si deseo dinero por más espiritual que yo pretenda ser, yo le diré que sí, si usted me pregunta a mí que o a cualquier cristiano que, si deseo ser bendecido, por más que yo este claro que lo espiritual es más importante, por más regenerado y separado del mundo que yo esté, yo voy a responder que si quiero ser bendecido. Ahora piense en la respuesta que recibirá de una persona no regenerada, que vive no para Dios sino para su carne, cuando usted le pregunte si desea ser bendecido.

Otros para crear empatía mientras evangelizan dicen "Yo soy igual que ustedes". Una vez salí a evangelizar con un grupo de chicos, y un joven dijo esta frase y yo estaba esperando que más le agregaba, porque si le dices a un no cristiano que eres igual que él, entonces ¿Para qué va a recibir a Cristo? Pregunté y la respuesta que me dieron fue esa, que solo era para crear empatía.

Escribiendo sobre eso me viene a mi memoria algo que está muy de moda en estos días, y es el decir mientras se hace el llamado "No piense que la iglesia está llena de Santos, no la iglesia está llena de pecadores" Al principio parece coherente y lógico, pero ¿En serio? ¡¿Llena?! Amado si la iglesia donde usted asiste está LLENA de pecadores hay un problema. Entiendo que la santificación es un proceso y vamos a estar siendo perfeccionados hasta que Cristo venga, pero ¿LLENA? Sin duda esa es otra frase para crear empatía.

Hoy día la estrategia de evangelismo más efectiva es creer a la gente que su pecado no es tan grave, realmente he visto modelos de evangelismo donde no se menciona la palabra pecado, tienen implícitamente prohibido decirle a la gente que es pecador porque eso es ofensivo. Logré estudiar los métodos de evangelismo de los ministerios más grandes de mi país y pude entender por qué son los ministerios más grandes. No porque sean los más espirituales, sino por la cantidad de herramientas de manipulación psicológica que usan para ganar membresía.

1Timoteo 2:4 sino que según fuimos aprobados por Dios para que se nos confiase el evangelio, así hablamos; **no como para agradar a los hombres, sino a Dios**, que prueba nuestros corazones.

Romanos 16:18 Porque tales personas no sirven a nuestro Señor Jesucristo, sino a sus propios vientres, y *con suaves palabras y lisonjas engañan los corazones de los ingenuos.*

1 Corintios 2:4 y *ni mi palabra ni mi predicación fue con palabras persuasivas* de humana sabiduría, sino con demostración del Espíritu y de poder,

1 Corintios 2:13 lo cual también hablamos, *no con palabras enseñadas por sabiduría humana*, sino con las que enseña el Espíritu, acomodando lo espiritual a lo espiritual.

Colosenses 2:4 Y esto lo digo para que nadie os engañe con palabras persuasivas.

Creo que los versos de arriba podemos ver que el apóstol Pablo no necesitaba técnicas de manipulación ni persuasión. El problema es que en un momento muchos se dieron cuenta que podían obtener "los mismos resultados" usando sabiduría humana, pero con persuasión, manipulación y sabiduría humana jamás podrán ser los mismos resultados, porque no es lo mismo un lugar lleno de gente que un lugar lleno de salvos, al que genuinamente se le puede llamar Iglesia.

CAPITULO 7

Ingredientes Necesarios para ser Manipulados.

No solo es necesario un manipulador, es necesario que la "víctima" tenga las características correctas.

Una de las características de una persona con inteligencia emocional es que es capaz de reconocer y de controlar sus sentimientos y tiene autoestima.

Esto es importante porque si una persona no tiene autoestima, el manipulador se aprovechará de esto y usará palabras de afirmación, motivación y hasta adulación con el fin de crear dependencia y tener control de la persona. De la misma manera, una persona que no tiene bien definidas y valoradas sus emociones y no tiene control racional de ellas, cuál es otra de las características de una persona emocionalmente inteligente, es una víctima fácil para ser manipuladas.

A la sociedad actual se le ha guiado a que siga a su corazón, a que deje que sus emociones les dirijan y al enseñar a dejar las emociones sin control hacen a las personas fácilmente manipulables.

Otra cosa importante son las carencias afectivas y emocionales que pueda tener una persona. Donde hay carencias emocionales hay una víctima potencial para un manipulador.

Recuerdo tener una alumna muy linda, pero su esposo le decía que era fea y que nadie la iba a querer así, y la joven le soportaba todo tipo de maltratos a ese hombre porque ese hombre aprovechó su falta de autoestima para hacerla creer que ella era fea y así nadie más la iba a querer.

Conocí a una persona que manipulaba a otros tan solo adulándolos. Debemos reconocer que todo ser humano tiene necesidades emocionales básicas como el amor, la afirmación, el respeto. Y los manipuladores, seas cristianos o no son personas especialistas en explotar esas necesidades emocionales; es por eso que es importante una de las características de las personas emocionalmente inteligentes, que es, un control racional de las emociones.

Todos según el tipo de vida que hayamos tenido tendremos mayor o menor necesidad de afecto. Una persona con carencia de afecto puede ser fácilmente detectada por un manipulador o una manipuladora y hacer a esa persona carente de afecto su víctima, obviamente esto aplica dentro y fuera de la iglesia.

Conocí a una mujer en una iglesia a la cual su padre la abandonó desde muy niña y el pastor conocía su historia y uso esa necesidad de amor paterno de la mujer para decirle que lo tomara a él como padre. El pastor comenzó a trabajar en ella con afecto, llenando el vacío de afecto que ella necesitaba a tal punto que ella se convirtió en una seguidora ciega de él.

En el trascurso de los años pude ver como el pastor hacía toda clase de trampas, injusticias, maldades... delante de ella y nunca ella dijo una sola palabra, sino más bien continuaba siguiéndolo idolátricamente.

Otra necesidad humana muy explotada por los manipuladores es la necesidad de reconocimiento, es por tal razón que muchas iglesias tienen cientos de niveles de liderazgo. Darle un título o un puesto a alguien es una buena estrategia para que permanezca en una iglesia por más herética que sea. En muchas empresas e iglesias, cuando saben que alguien conoce muchos secretos de la empresa, la manera de hacer que se mantenga en silencio es darle un puesto de jefe, así sea la persona más incapaz en el mundo.

Un hombre dijo "Si no estudiamos las escrituras, seremos esclavos de lo que suene bonito" Por eso es fácil entender por qué esos manipuladores atacan tanto a los que estudian la biblia. Sé de un pastor que se burla desde el pulpito llamándolos "Bibliolocos" y es que a ningún pastor manipulador le resulta una iglesia que estudie la biblia o que sea como los hermanos de Berea que al llegar a sus casas chequean a ver si todo lo que les dijeron es cierto. Este tipo de gente, si llegan a dar estudios bíblicos, es más que nada con el fin de que no los critiquen, tratan interpretarles la biblia a la gente de manera de hacer que la biblia diga lo que ellos quieren que diga.

CAPITULO 8

Cómo Evitar Ser Víctima de Manipulación Emocional en la Iglesias.

Yo tengo años estudiando como trabajan los manipuladores en la iglesia, tanto en las alabanzas como en el pastorado, pero si les doy una estrategia humana para evitar ser víctima de los manipuladores no estoy haciendo nada, así que mi principal consejo es tener total dependencia del espíritu santo.

Debemos también tener discernimiento, hay que pedirlo, hay que rogarlo porque estamos en el tiempo donde se van a levantar manipuladores de todo tipo.

Debemos ser unas personas que dependamos de las escrituras por encima de todo. Me ha tocado ver a pastores que me encanta como hablan, a mi carne le encanta lo que dicen, me encanta como son, pero cuando filtro lo que dicen por la biblia y veo que son unos herejes manipuladores, con mucho dolor los desecho.

Por supuesto que una de las cosas principales es lo que dijimos en el capítulo 1, no debemos darles prioridad a las emociones, en pocas palabras no debemos ser emocionalistas.

Debemos tener cuidado con nuestras carencias emocionales porque esta gente es experta en reconocer nuestras carencias emocionales y van directo a suplirlas para poder manipularnos.

Por favor tengan cuidado con la gente que parece tener demasiado amor, nosotros medimos la espiritual de alguien primeramente por lo que cree, si su doctrina es bíblica.

A veces veo a los cristianos como una chica adolescente que se enamora de cualquiera que le diga tres palabras bonitas. Un cristiano maduro no se va a ir detrás de un pastor que le dice tres cosas bonitas, un cristiano maduro va a evaluar bíblicamente cada palabra que diga el pastor por más que lo ame y por más que crea que es un hombre de Dios.

Amados, hay gente que piensa que la fe y el uso del cerebro no ligan, pero mire lo que dicen estos versos:

1 Corintios 14:15 ¿Qué, pues? Oraré con el espíritu, pero oraré también con el entendimiento; cantaré con el espíritu, pero cantaré también con el entendimiento.

Ese verso me hizo recordar una canción que comenzó a cantarse en todas las iglesias de mi país y la gente se inspiraba cantándola y sin analizar mucho yo me dije ¿Cómo es eso que la gloria de Dios sale a jugar y me deja ganar?

Otra canción muy famosa ♫♪Remueve hoy mi piedra, llámame por nombre♪♫ yo me decía ¡Pero en la cita que se basa la canción(Juan 11:38-44) Jesús no removió la piedra, Jesús mandó que otros la movieran.

Y si hablamos de la canción "la sunamita" ¡Ah bueno! He intentado creer que en algunas partes fueron demasiado creativos, he buscado mil maneras de excusar a quienes la escribieron, pero ¡Que va! Sin embargo, esa era otra canción que la cantaban como si fuese himno nacional. Y estoy mencionando solo dos, pero hay muchas más canciones de letras cuestionables y que no que nos encantan solo porque suenan bonito y porque nos alegran o nos hacen llorar.

Y es que nos acostumbramos a eso, que suene bonito y que mueva las emociones sin importar si lo que dice es bíblico o no, lo que importa es que suene bonito y que me mueva las emociones y lo mismo pasa con las predicas, si suenan bonito y me hizo sentir algo bonito, voy a decir que fue tremenda prédica, así el predicador haya dicho que Saqueo se llamaba así porque era un saqueador.

Marcos 12:33 y el amarle con todo el corazón, **con todo el entendimiento**, con toda el alma, y con todas las fuerzas, y amar al prójimo como a uno mismo, es más que todos los holocaustos y sacrificios.

Tremendo que aun se nos pide que le amemos con el entendimiento.

ANEXOS

¿Qué dice la biblia acerca del manejo/control de las emociones?

¿Cómo seríamos los humanos si nunca nos emocionáramos, si fuéramos capaces de controlar las emociones en todo momento? Quizás vendríamos a ser como los robots, respondiendo a todas las situaciones con lógica y nunca con emociones. Pero Dios nos creó a Su imagen, y las emociones de Dios se revelan en las escrituras; por lo tanto, Dios nos creó seres emocionales.

Sentimos amor, gozo, felicidad, culpa, ira, decepción, miedo, etc. A veces, nuestras emociones son vivencias agradables, y a veces no. A veces, nuestras emociones están fundadas en la verdad, y a veces son "falsas" ya que se basan en premisas erróneas. Por ejemplo, si creemos falsamente que Dios no está en control de las circunstancias de nuestras vidas, podemos experimentar las emociones de miedo, desesperación o ira, basado en esa falsa creencia. Independientemente, las emociones son poderosas y reales para aquel que las está sintiendo.

Dicho esto, es importante que aprendamos acerca del manejo de las emociones, en lugar de permitir que nuestras emociones nos manejen. Por ejemplo, cuando nos sentimos enojados, es importante ser capaz de parar, identificar que estamos enojados, examinar nuestros corazones para determinar por qué estamos enfadados y, luego, proceder de una manera bíblica.

Las emociones que están fuera de control, no suelen producir resultados que honren a Dios: "Porque la ira del hombre no obra la justicia de Dios" (Santiago 1:20).

Nuestras emociones, al igual que nuestras mentes y cuerpos, están influenciadas en gran medida por la caída de la humanidad en el pecado. En otras palabras, nuestras emociones están manchadas por nuestra naturaleza pecaminosa, y esa es la razón por la cual es necesario controlarlas. La biblia nos dice que tenemos que ser controlados por el

Espíritu Santo (Romanos 6; Efesios 5:15-18; 1 Pedro 5:6-11), y no por nuestras emociones. Si reconocemos nuestras emociones y las llevamos ante Dios, entonces podemos presentar nuestros corazones ante Él y permitirle que haga Su obra en nuestros corazones y que dirija nuestras acciones.

A veces, esto puede significar simplemente que Dios nos consuela, nos reafirma y nos recuerda que no debemos temer. Otras veces, puede que Él nos lleve a perdonar o pedir perdón.

Los Salmos son un excelente ejemplo del manejo de las emociones y de cómo traer nuestras emociones a Dios. Muchos Salmos están llenos de emociones puras, pero éstas se derraman delante de Dios en un intento de buscar Su verdad y justicia.

Compartir nuestros sentimientos con otras personas, también es útil para el manejo de las emociones. Se supone que la vida cristiana no es para vivirla en solitario. Dios nos ha dado el regalo de otros creyentes que pueden compartir nuestras cargas y cuyas cargas nosotros también compartimos (Romanos 12; Gálatas 6:1-10; 2 Corintios 1:3-5; Hebreos 3:13).

Otros creyentes también nos pueden recordar la verdad de Dios y nos ofrecen una nueva perspectiva. Cuando nos sentimos desanimados o temerosos, podemos beneficiarnos del ánimo, exhortación y reafirmación que otros creyentes nos brindan. A menudo, cuando alentamos a otros, nosotros mismos somos alentados.

Igualmente, cuando sentimos gozo, éste generalmente aumenta cuando lo compartimos.

El permitir que nuestras emociones nos controlen, no es nada piadoso, como tampoco lo es el negar o censurar nuestras emociones. Debemos agradecer a Dios por nuestra capacidad de sentir emoción y administrar nuestras emociones como un don de Él. La forma de manejar nuestras emociones es mediante nuestro crecimiento en nuestro caminar con Dios. Somos transformados por la renovación de nuestras mentes (Romanos 12:1-2) y el poder del Espíritu Santo, el que produce en nosotros el dominio propio (Gálatas 5:22-23). Necesitamos un impulso diario de principios bíblicos, un deseo de crecer en el conocimiento de Dios y pasar tiempo meditando en los atributos de Dios.

Debemos tratar de conocer más de Dios y compartir más de nuestros corazones con Dios mediante la oración. La comunión cristiana es otra parte importante del crecimiento espiritual.

https://www.gotquestions.org/Espanol/manejo-emociones.html

¿Cómo usar la Biblia para manipular personas?

Los predicadores hoy en día se han convertido en una especie de mega estrellas e influencers dentro de la comunidad cristiana.

Muchos de ellos usan su habilidad con la predicación para persuadir mentes débiles y convertirlos en una mina de oro y sus más acérrimos fans.

Pero lo más triste no es el mal uso que se está dando hoy a la predicación del evangelio, sino ver a cristianos incapaces de notar a un lobo vestido de oveja que se encuentra "predicando" frente a ellos.

Mi corazón se llena de tristeza cuando observo a cristianos "hipnotizados" gritando Amén a cualquier tipo de cosa que diga un predicador sin siquiera analizar que lo que haya dicho tenga respaldo bíblico.

Asumimos que como un predicador es usado por Dios, todo lo que salga de su boca es lo que Dios desea que oigamos. Sin embargo, olvidamos que él (predicador) es una persona que puede cometer errores y torcer su corazón del camino correcto y convertirse en un ladrón con Biblia en mano.

El documental Marjoe Gortner

Hace unos días me topé en internet con un vídeo que contaba acerca de las asombrosas revelaciones que había hecho el famoso "evangelista" Marjoe Gortner.

Un predicador estadounidense que tras haber estado involucrado en el ministerio desde su niñez terminó confesando mediante un documental que jamás creyó en Dios, y que todo lo que hacía era más falso que las vitaminas de una hamburguesa McDonald's.

Quien le sirve a dios por dinero,

es capaz de servirle al diablo

por un mejor salario.

—Charles Spurgeon

En este documental, Gortner, con?esa como usaba la sugestión para hipnotizar a los cristianos haciéndoles creer que Dios obraba grandes milagros a través de él, y que en verdad era un hombre ungido de Jehová.

¿La razón? Llenar sus bolsillos de dinero para satisfacer todos los placeres que durante su vida se dio.

En este documental que lleva por título Marjoe, se puede apreciar las inescrupulosas estrategias que este hombre usaba para vivir a costa de su falsa fachada de hombre usado por Dios.

Te preguntarás: ¿Por qué nadie fue capaz de detenerlo? Porque en su momento pasó lo que pasa en nuestros tiempos:

cristianos adormecidos por las mentiras de falsos predicadores que no buscan la verdad ni el discernimiento. Os. 4:6

Así que sucedió que este perverso hombre usó los medios de comunicación para dejar en ridículo al pueblo de Dios.

Ya te imaginarás la cantidad de comentarios y burlas que habrá generado en su momento este documental.

El problema no es solo el dinero Cuando hago mención que la predicación del evangelio se ha convertido en el hazmerreír del mundo, no solo me refiero al uso vil de enriquecerse que muchos "predicadores" emplean, sino también a las falacias con las que han sido construidas muchas denominaciones.

Al parecer cualquier persona en su rato libre tiene la fascinante idea de ser predicador y comienza a hablar cualquier cosa que se le venga a memoria sin siquiera hacer un estudio profundo de la Biblia.

Otras personas como escucharon a un famosísimo predicador y les encantó lo que dijo, comienzan a copiar y a predicar lo mismo sin darse cuenta de los horrores en los que están cayendo. Pero hubo también falsos profetas entre el pueblo, como habrá entre vosotros falsos maestros, que introducirán encubiertamente herejías destructoras.

Lamentablemente vivimos en un tiempo en el que al parecer a los cristianos les da flojera abrir su Biblia para comprobar que lo que se dice es verdad o no. Nos dejamos persuadir de manera rápida por una bien hablada predicación e ignoramos la verdad de las escrituras.

Los pastores pueden pasar años tergiversando las Escrituras pero nadie es capaz de ser razonable, abrir su Biblia, y empezar a analizar si lo que dijo su pastor es un mensaje bíblico o no.

Ya te dije al inicio de este artículo, un pastor también es una persona que comete errores y cuyo corazón es capaz de torcerse. Muchos predicadores quizá no vivan con el corazón torcido lejos de Dios pero en su ignorancia bíblica cometen graves errores y de ese mismo modo guían a su congregación como barco a la deriva.

Cristianos sensatos y racionales Es muy triste que en pleno siglo 21 los cristianos hayamos caído en las trampas de personajes que endulzan nuestros oídos con facilidad y sin darnos cuenta nos llevan poco a poco hacia el abismo.

Hemos convertido el evangelio en una moda emocional dejándonos guiar ciegamente por personas que ni siquiera saben el rumbo en el que van.

Los cristianos de hoy ya no son sensatos ni racionales. Se dejan persuadir con mucha facilidad cayendo en el engaño debido a la mala costumbre de no leer ni meditar a modo personal en la Palabra de Dios. Cada denominación tiene una interpretación de la Biblia a su modo. Unen pensamientos e ideas para así construir una doctrina con la que se identificaran todos los miembros de la iglesia.

Pero en muchas ocasiones estas doctrinas están llenas de falacias que irónicamente los creyentes aplauden y aceptan como verdad absoluta.

Recuerdo haber estado de visita en la escuela dominical de la iglesia de mi amigo Omar y escuché al maestro decir algo que me impactó por completo. Él dijo que el Espíritu Santo no es suficiente para el crecimiento de un cristiano, es necesario también el crecimiento profesional y económico.

En ese instante quise ponerme en pie y encarar a este maestro cuya enseñanza muchos cristianos lamentablemente aplaudieron y secundaron con un Amén. Pero este no es el único caso. Podría enumerar muchos otros en los que pastores, líderes, maestros, etc., han dicho cosas garrafales y la congregación al unísono a dicho ¡Amén!

Tal parece que los cristianos olvidaron que Dios los creó dotándoles de la capacidad racional que los distingue de los animales para pensar, entender y evaluar. En Mt. 22:37 podemos observar como Jesús enseña a sus discípulos a amar a Dios con toda su mente.

En otras palabras, Jesús está diciendo a sus discípulos que deben ser sensatos y racionales al vivir para Dios conduciéndose de acuerdo al sentido común y no dejándose llevar por emociones incontrolables. Culpables por dejarse persuadir Si bien es cierto aquellos que mal conducen a la congregación a errores garrafales tendrán su paga, aquellos que permitan ser mal enseñados también tendrán su parte de lamento y crujir de dientes.

Porque tú también tienes parte de culpa de que existan predicadores, líderes, maestros, etc., que están guiando mal a la congregación. Tienes en tus manos el acceso total a la Biblia y no eres capaz de tomar un poco de tu tiempo y empezar a analizar todo lo que ha dicho tu pastor o el predicar aquel que escuchas de manera constante.

Por lo tanto, también tendrás que dar cuenta por no saber examinarlo todo, retener lo bueno y rechazar lo malo (1 Ts. 5:21).

El ser humano por naturaleza es fácil de persuadir. Esta es una herramienta de doble lo que aprovechan las grandes marcas al momento de ofrecernos en venta algún producto. Del mismo modo pasa con los cristianos al momento de escuchar una enseñanza o predicación. Actúan motivados por sus emociones y no por la verdad irrefutable de la Palabra de Dios.

Se dejan persuadir por bien habladas predicaciones y doctrinas que los adormece ignorando por completo todo lo que pasa frente a sus narices. Y dirás quizá que no tienes la culpa de que existan predicadores mentirosos y timadores.

Pero sí tienes la culpa de no abrir los ojos y la mente para poder ver el mal camino al que te están guiando. ¿O es que acaso te plantaron un chip en el cerebro con el cual es imposible que seas racional?

No verdad.

Nadie, creo yo, planto un chip en el cerebro de los feligreses de la secta la Luz del Mundo para adorar cual dios a Samuel Joaquín Flores y a Naasón Joaquín García.

Cash Luna, Guillermo Maldonado, Ana Méndez, y otros más, tampoco tienen el poder absoluto para impedir que seas racional y sensato.

El poder de elegir fue puesto sobre ti por Dios al momento en que fuiste creado/a. No vengas con excusas con que son estos personajes los que te engatusaron.

Por Último, Me da tristeza ver lo que se ha convertido hoy en día el evangelio de Dios. Creo que ha cambiado la fórmula de "yo no me avergüenzo del evangelio" a "el evangelio se avergüenza de mi".

Vivimos tiempos en los que el evangelio es sinónimo de estupidez, mentes pobres, y personas fáciles de manipular. Sin darnos cuenta los cristianos hemos terminado dando la razón para que el mundo piense que Jesucristo es una mera fórmula para dominar las masas y hacernos de unos cuantos dólares demás.

Pero nunca es tarde. Todavía podemos rectificar cada uno de los errores que hemos cometido como iglesia. Todavía podemos volver al evangelio puro y verdadero sin movernos por emociones siendo sensatos y racionales.

Comienza desde hoy con este cambio. Abre tu Biblia las mismas veces —o más— que las que abres tu Facebook. Estudia la Biblia las mismas veces —o más— que lo que haces con tu mejor libro de matemáticas.

Reten todo lo que el pastor, predicador, o maestro, dice. Llévalo a tu casa y analízalo con la ayuda del Espíritu Santo. Si no tienes una gran biblioteca con herramientas para poder hacer un estudio profundo, estos 5 recursos cristianos online para estudiar la Biblia serán una ayuda poderosísima para ti.

Recuerda que el evangelio se camina con fe, pero una fe que es racional que te lleva por las sendas del sentido común y te ofrece salvación en vez de manipulación.

Max Damián

https://www.maxdamian.com/search/label/Vida

PALABRAS FINALES

Jesús amaba a sus enemigos, pero a los que torcían el evangelio los insultó de muchas maneras. Con esto lo que quiero decir es que el hecho de que en este libro exponga las herramientas de manipulación de los falsos maestros no significa que no ame a la iglesia, solo significa que amo a la iglesia verdadero y esos lobos no son verdaderos pastores y esas iglesias no son verdaderas iglesias sino sinagogas de satanás.

Mis preciosos, por favor, cuídense de esas zorras, cuídense de esos perros, esos que parecen tan amorosos no quieren ganarlos para Cristo, quieren ganarlos para sí mismos.

Por favor cuídense de los que hablan demasiado bonito. Cuídense de esa gente que tiene apariencia de humildad, aprendan a discernir, a ir más allá de las apariencias.

Por favor nada de esto significa que deben ser fríos, ni andar como el joven que conté que vino a visitarnos.

Por favor si tienen alguna duda comuníquense conmigo por los medios de contacto que aparecen en mi blog personal o en cualquiera de los blogs de mis libros. Yo amo la iglesia, amo el cuerpo de Cristo, les responderé toda duda y les ayudaré en todo lo que pueda.

Por favor lean mis otros libros, todo están escritos para bendecir al cuerpo de Cristo.

¡Les mando un montón de besos a todos!

Yo soy elprofebubba

gonzalezdomingo@gmail.com

https://elprofebubba.blogspot.com

https://libroesqueletosenelcloset.blogspot.com

https://librodescubriendoelevangelioverdadero.blogspot.com

https://librountipodegloriadiferente.blogspot.com

https://elprofebubba.blogspot.com

Don't miss out!

Visit the website below and you can sign up to receive emails whenever Domingo González Jr. publishes a new book. There's no charge and no obligation.

https://books2read.com/r/B-A-ABOBB-VJUQC

BOOKS 2 READ

Connecting independent readers to independent writers.

Also by Domingo González Jr.

Cristianismo en Medio De una Sociedad Emocionalista

www.ingramcontent.com/pod-product-compliance
Lightning Source LLC
Chambersburg PA
CBHW031126160726
47989CB00016B/1785